CALENDRIER PERPÉTUEL.

CALENDRIER

PERPÉTUEL.

ART DE VÉRIFIER LES DATES HISTORIQUES.

Par F. GUY.

OUVRAGE ET CALENDRIER CONÇUS D'APRÈS UN PLAN ENTIÈREMENT NOUVEAU.

CHALONS-SUR-MARNE

IMP. T. MARTIN, PLACE DU MARCHÉ-AU-BLÉ, 30.

1878.

L'OUVRAGE ET LE CALENDRIER ENSEMBLE, PRIX : 2 FRANCS.

INTRODUCTION

L'étude du calendrier et les problèmes qui s'y rattachent offrent à l'esprit un attrait véritable et présentent un sérieux intérêt au point de vue de l'histoire et de la chronologie.

Constituer rapidement le calendrier d'une année quelconque, de façon à déterminer le jour qui correspond à une date donnée à plusieurs siècles en arrière ; indiquer le dimanche pascal, et, par suite, les fêtes mobiles ; rattacher une époque à une autre par un lien chronologique ; contrôler les faits historiques par la discussion des dates : telles sont les questions qui se posent pour tout esprit curieux et investigateur, pour l'érudit et pour l'historien.

Les plus savants auteurs ont écrit sur le calendrier. Il suffit de citer les Bénédictins de Saint-Maur dans le grand ouvrage intitulé l'*Art de vérifier les Dates* (où presque tous les écrivains postérieurs ont puisé) ; Montucla, dans son *Histoire des Mathématiques* ; Lalande, Delambre, Montferrier, Arago, et, plus récemment, M. U. Bouchet, calculateur principal du bureau des longitudes, dont le remarquable ouvrage, *Hémérologie ou Traité pratique des Calendriers*, a reçu la juste approbation de l'Académie des Sciences.

Le calendrier perpétuel ecclésiastique, qui remonte aux premiers siècles de notre ère, permet de déterminer le jour de la semaine correspondant à une date et dans une année quelconques. C'est par l'ingénieux emploi des lettres dominicales, substituées en quelque sorte algébriquement aux jours de la semaine, et d'après le rang de l'année dans le cycle de 28 ans, qu'on a résolu le problème.

On a pu pareillement déterminer le dimanche pascal au moyen du *nombre d'or* et du tableau des lunaisons correspondantes.

Mais les recherches, dans ce calendrier, présentent quelque aridité; peu de personnes en connaissent le mécanisme. C'est surtout la réforme grégorienne qui augmente les difficultés, en rompant la loi de la bissextilité dans les années séculaires, et, d'autre part, en modifiant le rapport existant entre les nombres d'or et les néoménies correspondantes, rapport qui varie d'ailleurs dans les siècles successifs, par suite de la correction lunaire.

Quelque clarté que cherchent à mettre les auteurs dans leurs explications, on comprend mal le mécanisme des épactes et de la *table étendue* pour la suite des siècles. Les exceptions qui se produisent quand la pleine lune arrive le 19 avril, et quand elle arrive concurremment le 18 et le 19, pendant le même cycle de 19 ans, sont difficilement saisies.

C'est, en partie, à raison de ces difficultés très-réelles, que l'illustre Arago a pu dire : « *Que les astronomes de profession » eux-mêmes ne touchent qu'avec répugnance aux questions qui » dépendent des calendriers, à cause de leur complication.*

Nous pensons donc avoir résolu un problème intéressant et dissipé d'importunes obscurités, en présentant un *Calendrier perpétuel,* semblable par sa forme aux calendriers usuels de chaque année, pouvant les suppléer, s'appliquant indistinctement à l'un et à l'autre style, et du plus facile emploi; dans lequel nous n'avons à introduire ostensiblement ni le cycle solaire ni la lettre dominicale, ni surtout les épactes.

Nous indiquons également le dimanche pascal d'une façon identique avant et après la réforme, et, pour cette recherche, nous simplifions le calcul qui donne le nombre d'or, dont nous pourrions éviter de prononcer le nom.

En éludant l'emploi des épactes, et en rattachant directement le nombre d'or au *terme pascal* ou date de la pleine lune qui régit la fête de Pâques, nous arrivons beaucoup plus simplement et plus rapidement à l'indication du jour de cette fête principale.

Nous avons présenté la correction lunaire de 11 jours en 2500 ans d'une façon qui nous semble bien plus intelligible qu'elle ne l'est habituellement.

Il en est de même au sujet de la pleine lune du 19 avril, dont nous avons parlé plus haut

En un mot, l'étude du calendrier sera, selon nous, beaucoup plus facile qu'elle ne l'était jusqu'à présent.

Le lecteur en demeure juge.

La disposition synoptique adoptée pour ce calendrier permet de signaler diverses particularités intéressantes et peu connues, comme aussi de simplifier, dans leur solution, les problèmes qui se posent habituellement, et dont nous présentons des exemples nombreux et variés.

CALENDRIER JULIEN.

1. Le calendrier julien, dans lequel l'unité de temps qui porte le nom d'*année* exprime la durée qui s'écoule entre deux passages consécutifs du soleil dans le même équinoxe, fut établi par Jules César, l'an 46 avant l'ère chrétienne.

Il fut naturellement mis en pratique dans les pays soumis à la domination romaine, et plus tard il fut adopté par les chrétiens qui y introduisirent la période de sept jours composant la *semaine*, tout en conservant le nombre, l'ordre et la durée des mois romains.

L'année dont nous venons de parler, *année tropique* des astronomes, était supposée contenir exactement 365 jours 1/4. Or, pour former l'année civile d'un nombre exact de jours, on décida que sur *quatre* années consécutives, trois comprendraient 365 jours, et la quatrième 366.

Le jour complémentaire, chez les Romains, était intercalé entre le 23 février, nommé *sexto calendas martii* (1) et le 24 (*quinto calendas*); il fut appelé *bis sexto calendas*.

De là le nom de bissextile s'appliquant encore aujourd'hui aux années qui comptent 366 jours.

Les chrétiens ne suivirent pas le même mode d'intercalation ; ils placèrent le jour complémentaire à la fin de février, qui compte ainsi 29 jours dans les années bissextiles, tandis qu'il n'en a que 28 dans les années communes.

Les années bissextiles sont celles dans lesquelles le millésime est exactement divisible par 4 : 200, 604, 528, 832, 1836, etc. ; elles se répètent de quatre en quatre ans. Nous allons voir toutefois une exception se produire pour les années séculaires, à partir de 1700.

2. *Années avant Jésus-Christ.* — Pour rattacher entre eux les temps qui précédèrent et ceux qui suivent l'ère chrétienne, laquelle commence en l'année supposée de la naissance de Jésus-Christ, les chronologistes ont prolongé le calendrier julien vers les âges antérieurs en suivant la même loi pour la supputation des bissextiles.

(1) Signifiant, par abréviation, le *sixième jour avant les calendes de mars*.

L'an 1er de notre ère est immédiatement précédé par l'année 1 avant J.-C. ; et cette dernière est conséquemment bissextile, puisqu'elle précède de quatre ans la bissextile 4.

Sont également bissextiles les années 5, 9, 13, 65, 125, 1001, 3017, etc., avant J.-C. ; c'est-à-dire toutes celles dont le millésime sous-centenaire suit immédiatement un multiple de quatre.

3. *Réforme grégorienne.* — L'année julienne, de 365 jours et quart, excède l'année astronomique de 11 minutes 14 secondes ; c'est-à-dire que le soleil repasse au même équinoxe 11 minutes 14 secondes plus tôt que ne l'admirent les astronomes, au temps de Jules César. Cette différence, insensible d'une année à l'autre, donne, en s'ajoutant à elle-même, un jour en 128 ans environ ; de telle sorte que vers le seizième siècle, l'équinoxe du printemps arrivait réellement le 11 mars, tandis que les calendriers l'annonçaient à la date du 21.

Si le même écart s'était continué durant une nombreuse série de siècles, les mois qui nous désignent la saison chaude et les longues journées auraient correspondu à l'époque annuelle des grands froids. Juillet aurait vu les neiges et les gelées, tandis que les moissons se seraient faites en décembre.

Une correction, depuis longtemps réclamée, était donc nécessaire, et elle s'accomplit en 1582, sous le pontificat et par les soins de Grégoire XIII, dont elle rappelle le nom (1).

Par un bref en date du 21 février 1581, Grégoire XIII ordonna que le lendemain du jeudi 4 octobre 1582 fût compté pour le vendredi 15; le surlendemain pour le samedi 16, et ainsi de suite.

Par cette suppression de dix jours, l'équinoxe, en 1583, se trouva replacé au 21 mars, c'est-à-dire à la même date qu'au temps du concile de Nicée, dont nous parlerons plus loin.

Pour empêcher le même écart à l'avenir, et l'intercalation d'une bissextile tous les quatre ans produisant une erreur de 3 jours en quatre siècles, il fut décidé que sur quatre années séculaires, telles que 1700, 1800, 1900, 2000, etc., celle-là seule serait bissextile dont le millésime est divisible par quatre; ainsi 1600 fut bissextile; 1700, 1800 ne l'ont pas été ; 1900 ne le sera pas non plus ; 2000 le sera, et ainsi de suite dans la série des siècles.

Grâce à cette correction, l'année civile moyenne et l'année astronomique ne diffèrent que de 22 secondes environ (1 jour en 4000 ans).

La réforme grégorienne fut pratiquée à Rome dès le 5/15 octobre 1582. En France, la correction

(1) Ce furent les frères Lilius, aidés de Clavius, qui prirent la plus grande part aux travaux et aux calculs nécessaires.

se fit le 10/20 décembre de la même année. Les pays protestants retardèrent plus ou moins longtemps l'adoption du nouveau style. L'Angleterre suivit le calendrier julien jusqu'en 1752 ; elle dut alors supprimer onze jours (1).

Les Russes et les Grecs orthodoxes, seuls parmi les peuples chrétiens, ont conservé jusqu'à nos jours le calendrier julien ; leurs dates ne concordent donc pas avec les nôtres. Les années 1700 et 1800 ayant été pour eux bissextiles, nous sommes maintenant de 12 jours en avance sur eux. Quand nous datons *20 mars,* ils sont encore au 8. Nous arrivons au 12 janvier d'une année quand ils atteignent la fin de l'année précédente. De là, dans les relations avec les nations dissidentes, l'emploi d'une double date : 4/16 avril ; 25 juillet/6 août, etc. Ce qui permet d'éviter la confusion.

On comprend mal qu'à notre époque, où les nations s'appliquent à établir l'uniformité des poids et mesures et des monnaies, à faire choix d'un méridien commun, etc., les Russes et les chrétiens orientaux conservent le calendrier julien, malgré ses imperfections et l'inconvénient des doubles dates.

Il est bien vrai que la suppression brusque de 12 jours, amènerait une perturbation beaucoup plus considérable que ne le fut celle de 10 ou 11 jours dans les siècles précédents. Mais il semble qu'on pourrait rendre la transition beaucoup moins sensible de la façon

(1) On doit tenir compte, dans les discussions des dates et des faits, de l'époque où fut adopté le calendrier grégorien dans les différents pays. On serait, sans cela, exposé à des méprises.

suivante, et à partir par exemple de l'an 1880 : *Former tous les mois de 30 jours, à l'exception du mois de février qui en conserverait 29.* On ferait ainsi la suppression de 7 jours, puisque l'année n'en compterait que 359.

En 1881, *former tous les mois de 30 jours sans exception;* ce qui amènerait une nouvelle et dernière suppression de 5 jours.

Nous ne parlons ici que du calendrier civil; les dissidences religieuses pouvant expliquer des différences dans la fixation des fêtes de l'église.

CALENDRIER PERPÉTUEL.[1]

---

1. Le calendrier proprement dit se forme 1° d'un tableau à colonnes rectangulaires dans lesquelles sont inscrits les noms des douze mois et ceux des sept jours de la semaine.

Ces derniers sont écrits dans deux colonnes. La première se rapporte, suivant son titre, aux années bissextiles, et pour les seuls mois de janvier et de février. La colonne inférieure s'applique aux années communes et aux dix derniers mois des bissextiles.

2° D'une plaquette mobile, ou curseur, partagée en colonnes se rapportant exactement à celles du tableau, et contenant les dates des jours de chaque semaine, dans les différents mois.

(1) Pour l'intelligence des développements qui vont suivre, le lecteur doit avoir sous les yeux le calendrier perpétuel.

Les mêmes jours, dans chaque mois, correspondent aux dates hebdomadaires $\frac{1}{8\ 15\ 22\ 29}$; $\frac{2}{9\ 16\ 23\ 30}$; ..... $\frac{7}{14\ 21\ 28}$.

Sous cette forme le calendrier perpétuel peut suppléer le calendrier usuel de l'année ; la lecture en devient facile par le plus rapide examen.

La ligne inférieure, désignée par la lettre N, porte de droite à gauche la série naturelle des nombres 0, 1, 2, 3, 4, 5, 6, 0, 1, 2, etc. Au bas du tableau sont inscrits les millésimes séculaires 0, 100, 200, 300, etc., dont nous parlerons plus bas, ainsi que des tableaux N° 1 et N° 2 placés à droite et à gauche du calendrier et dont ils sont le complément.

La mobilité du curseur permet de placer la date du 1er janvier en regard de l'un quelconque des jours de la semaine dans l'une ou l'autre colonne des jours, et l'on peut ainsi constituer le calendrier d'une année quelconque, commune ou bissextile.

On constatera, par exemple, que le 6 janvier étant placé au-dessous du dimanche, on a le calendrier de 1878.

EMPLOI DU CALENDRIER PERPÉTUEL.

5. Former le calendrier de l'année 970.

Fig. 1.

MILLÉSIME SOUS-CENTENAIRE.				N.
0				
			88	5
14	42	70	98	3

Fig. 2.

N.	2	1	0	6	5	4	3	N.
	»	1700	»	1600	1900	»	1800	
	1500	1400	1300	1200	1100	1000	900	
	800	700	600	500	400	300	200	
	100	0	»	»	1500 réfe. grég.			
	Cal. russe.		2000	1900	1800	1700	1600	

Dans le tableau N° 1 portant l'indication

millésime sous-centenaire, et contenant la suite des nombres de 0 à 99, cherchez le millésime sous-centenaire 70. En regard, dans la col. N, se lit le nombre ou *indice* 3 (*fig. 1*). Faites glisser le tableau mobile, ou curseur, de façon que ce même indice 3 soit placé au-dessus du millésime centenaire 900 (*fig. 2*).

Vous aurez ainsi le calendrier demandé, et vous reconnaîtrez que le 1er janvier de l'an 970 fut un samedi ; que le 3e dimanche d'avril tomba le 17 ; que le jour de noël, 25 décembre, fut un dimanche, etc.

Agissez d'une façon identique dans tous les cas.

Former le calendrier de l'année bissextile 1188.

En regard du millésime sous-centenaire 88 (*fig. 1*), se lit l'indice 5 dans la colonne N.

Disposez le tableau curseur de façon que l'indice 5 (*fig. 2*) soit placé au-dessus du millésime 1100.

L'année étant bissextile, les jours correspondant aux dates de janvier et février doivent se lire dans la ligne supérieure. Ainsi le 1er janvier tombe un *vendredi* ; le 1er février un *lundi* ; pour les autres mois les jours sont lus dans la ligne inférieure ; donc le 1er mars est un mardi.

6. *Réforme Grégorienne.* — Dans la suite des millésimes insérés à la partie inférieure du tableau (*fig. 2*), on voit que 1500 est reproduit deux fois.

Celui de gauche se rapporte au style julien; l'autre, placé vers le bas de la 5e colonne à droite, au style grégorien; il sert pour la partie du 16e siècle qui suivit la réforme.

Les millésimes 1600, 1700, 1800, 1900, inscrits isolément dans la ligne supérieure, se rapportent au calendrier grégorien.

Les mêmes millésimes et le millésime 2000, placés dans la ligne inférieure, s'appliquent au calendrier julien.

On formera d'ailleurs d'une façon identique le calendrier d'une année dans l'un et l'autre style.

Former le calendrier de l'année julienne 1878.

Placez l'indice *6* correspondant à 78, au-dessus dè 1800 pris dans la ligne inférieure. (Le 1er janvier fut un dimanche.)

Former le calendrier de l'année julienne 1996 (bissextile).

L'indice correspondant à 96 est *1*. Placez *1* au-dessus de 1900 de la ligne inférieure.

1er janvier : dimanche; 1er février : mercredi; 1er mars : jeudi.

Former le calendrier de l'année grégorienne 1880 (bissextile).

L'indice *2* sera placé au-dessus de 1800 de la

ligne supérieure. On reconnaîtra que le 1er janvier tombe un jeudi ; le 1er février un dimanche ; le 1er mars un lundi.

7. Le calendrier est perpétuel, c'est-à-dire qu'il peut servir dans toute la suite des siècles.

1° Style grégorien.

Le même calendrier se reproduit de 4 en 4 siècles, à partir de 1600.

Ainsi le calendrier de 1600 convient à 2000, 2400, 2800, etc.
— de 1700 — à 2100, 2500, 2900, etc.
— de 1800 — à 2200, 2600, 3000, etc
— de 1900 — à 2300, 2700, 3100, etc.

Il suffira donc, si le millésime centenaire surpasse 20, de le diviser par 4 ; selon que le reste est 0, 1, 2 ou 3, le calendrier est le même que pour 1600, 1700, 1800 ou 1900.

Ainsi le calendrier de l'an 2325 et celui de 1925 sont les mêmes.

Celui de l'an 3000 est le même que pour 1800.

L'année grégorienne 10315 a le même calendrier que l'année 1915.

2° Style julien.

Le même calendrier se reproduit de 7 en 7 siècles, comme on le voit sur le tableau.

Donc, au-delà de l'an 2000, diminuez le millésime séculaire de 7, de 14, de 21, etc., suivant son importance, de manière à le ramener au-dessous de 20.

Ainsi le calendrier de l'année julienne 2325 est

le même que pour l'année julienne 1615, puisque 23 diminué de 7 donne 16 ; ou le même que pour l'an 225.

Le calendrier de l'année julienne 3000 est le même que pour l'année julienne 1600.

Le calendrier de l'année julienne 10315 est le même que celui de l'année 515, car 103 diminué de 98 (14 × 7) donne 5.

3° Années avant J.-C. :

Retranchez le millésime, suivant son importance, des nombres 701, 1401, 2101, ... 4201, etc.

Opérez sur la différence comme pour un millésime ordinaire.

Ainsi le calendrier de l'an 600 avant J.-C. est le même que celui de l'an 101 après J.-C.

Le calendrier de l'an 3761 avant J.-C. est le même que celui de l'an 440, car 4201 — 3761 = 440.

PROBLÈMES ET QUESTIONS.

La fondation de Rome remonte, selon Varron, à l'an 753 avant l'ère chrétienne; quel est le quantième, dans cette année, du 1er dimanche de mars?

Le calendrier est le même que celui de l'année chrétienne 648, car, 1401 — 753 = 648.

Réponse : le 2 mars.

L'ère des Juifs commence, d'après l'Annuaire

du bureau des longitudes, au 7 octobre de l'année antéchrétienne 3761. Quel est le jour correspondant ?

Le calendrier est le même que pour l'an 440 (4201 — 3761 = 440).

Réponse : le 7 octobre répond au lundi.

Quel a été le premier jour de notre ère ?

Réponse : samedi.

Quel fut le jour de Noël en l'an 325 ?

Réponse : le 25 décembre fut un samedi.

L'ère des Turcs commence au 16 juillet de l'an 622. Quel est le jour correspondant ?

Réponse : vendredi.

Charlemagne fut couronné à Rome le jour de Noël de l'an 800. Quel fut le jour de cette cérémonie?

Réponse : le 25 décembre fut un vendredi.

A quel quantième répond le 5e dimanche de l'an 1000 ?

Réponse : au 4 février.

Quelles sont les années bissextiles du 12e siècle qui commencèrent par un dimanche ?

Réponse : 1128, 1156, 1184.

Pour répondre à cette question, placez le curseur de façon que le 1er janvier corresponde au dimanche (ligne supérieure). Vous verrez que l'indice placé au-dessus de 1100 est o.

A l'indice o, dans le tableau N° 1, correspondent les millésimes sous-centenaires 28, 56 et 84, qui donnent la réponse à la question posée.

Une charte de Louis-le-Gros porte la date du mardi 29 février 11..; les deux derniers chiffres sont effacés; *restituer le millésime* ?

Réponse : 1116.

Le problème est analogue au précédent. L'année est bissextile, puisque février a 29 jours. Les années bissextiles du 12e siècle dans lesquelles le 29 février correspond au mardi, sont : 1116, 1144, 1172.

Louis-le-Gros ayant régné de 1108 à 1137, on voit que 1116 est le millésime demandé.

Charles VII fut couronné à Reims le 17 juillet 1429. Quel était ce jour ?

Réponse : un dimanche.

La Mort de Jeanne d'Arc eut lieu le dernier mercredi de mai 1431. Quel était le quantième ?

Réponse : le 30 mai.

Henri IV fut assassiné le 14 mai 1610. Quel était ce jour ?

Réponse : vendredi.

A quel jour correspond le 21 janvier 1793 ?

Réponse : au lundi.

Le 9 thermidor an 2 correspond au 27 juillet 1794. A quel jour répond cette date ?

Réponse : au dimanche.

Les historiens russes placent la bataille d'Austerlitz à la date du 20 novembre 1805. Quel est le jour correspondant ?

Réponse : lundi.

Cette date julienne répond à notre 2 décembre 1805.

Une personne qui se prétend âgée de 30 ans, en mai 1878, affirme être née le 1er juin, un dimanche. Les deux assertions sont-elles concordantes ?

Réponse : non.

Car le 1er juin 1848 était un jeudi. Il faut remonter à 1845, ou s'avancer jusqu'à 1851 pour trouver le dimanche à la date du 1er juin.

Par quel jour commencera l'année grégorienne 4250 ?

Le calendrier est le même que pour l'année 1850.

Réponse : le 1er jour de l'an sera le mardi.

Quel sera le jour initial de cette même année, style julien ?

Le calendrier est le même qu'en l'an 1450.

Réponse : jeudi.

Observation. — Le 1er de l'an julien 4250 correspond au 31 janvier grégorien.

Quelle sera la date du 1er dimanche de mars en l'année julienne 6500 ?

Le calendrier est le même que pour les années 200, ou 900, ou 1600.

Réponse : le 2 mars.

La fête de Pâques, dans le style julien, tombera, dit-on, le 25 avril en l'an 3047. Ce jour, en effet, est-il un dimanche ?

Réponse : Oui. — Le calendrier est le même que celui de l'an 247.

8. Le tableau N° 1, et la considération de la bissextile arrivant de 4 en 4 ans, font voir que dans le style julien, les mêmes jours de la semaine reviennent aux mêmes dates, après chaque période de 28 ans.

Il en est de même du commencement à la fin de chaque siècle dans le style grégorien ; mais la loi est rompue quand on passe d'un siècle à un autre siècle non bissextile. Cette période de 28 ans est connue sous le nom de cycle solaire (37).

DÉTERMINATION DE LA FÊTE DE PAQUES.

9. Pour qu'un calendrier soit complet, il faut qu'on y puisse placer le dimanche de Pâques, qui règle les fêtes mobiles de l'année, telles que l'Ascension, la Pentecôte, etc.

Le concile de Nicée, tenu en l'an 325, décida que la fête de Pâques serait célébrée par tous les chrétiens le dimanche après la pleine lune arrivant le 21 mars, jour de l'équinoxe du printemps, ou le plus prochainement après le 21 mars (1).

Si donc, on arrive à connaître la date de cette pleine lune, appelée *pleine lune pascale*, on verra par le calendrier de l'année quelle est la date du dimanche suivant, ou dimanche de Pâques.

Ainsi, en 1878, la pleine lune ecclésiastique est tombée le 17 avril; Pâques a été célébré le dimanche 21.

En 1880, la P. L. tombera le 26 mars; Pâques sera fixé au dimanche 28.

10. *Recherche de la pleine lune pascale*. — A l'époque du concile, on supposait parfaitement exact le *cycle de Méton*, période de 19 ans après laquelle les nouvelles et les pleines lunes revenaient périodiquement aux mêmes dates, et presque à la même heure.

No de l'année dans la période.	1	2	3	4	5	6	7	8	9
ANNÉES	304	305	306	307	308	309	310	311	312
P. L.	5 a	25 m	13 a	2 a	22 m	10 a	30 m	18 a	7 a

(1) En 325, l'équinoxe du printemps arriva le 21 mars. Comme on supposait l'année julienne, comprenant 365 j. 1/4, égale à la durée de l'année tropique, on pensa que l'équinoxe arriverait constamment à la même date du 21 mars.

En effet, 19 années juliennes comprennent 6939 j. 75; 235 lunaisons, dont la durée réelle est pour chacune 29 j. 53059, donnent 6939 j.. 68865; les deux nombres sont sensiblement les mêmes; il n'y a qu'une différence de 1 h. 28 en 19 ans. Il suffisait d'attribuer à la lunaison une durée de 29 j. 53085, pour avoir deux périodes absolument identiques. Ce fut l'hypothèse admise par les astronomes du temps.

Cela étant, si l'on observe avec soin les dates des nouvelles et des pleines lunes dans une période de 19 ans, ces mêmes dates se reproduiront invariablement pour chaque nouvelle période de même durée, et dans toute la suite des siècles. C'est sur cette base que fut établi le calendrier.

Les pleines lunes pascales, depuis l'année 304, qui fut prise pour le commencement d'une période, jusqu'à la dernière, en 322, tombèrent aux dates suivantes (1) :

11	12	13	14	15	16	17	18	19	1	2	3	...
314	315	316	317	318	319	320	321	322	323	324	325	. .
15	4	24	12	1er	21	9	29	17	5	25	13	. .
a	a	m	a	a	m	a	m	a	a	m	a	

(1) Les dates du présent tableau furent admises en 325, bien que la P. L. ecclésiastique fût un peu plus rapprochée du commencement de l'année. La coïncidence entre les P. L. ecclésiastiques et astronomiques se produisit vers le milieu du sixième siècle.

Le cycle de 19 ans, depuis longtemps employé par les Grecs, était appelé *nombre d'or*. On donne en particulier le même nom au nombre qui marque le rang de l'année dans la période de 19 ans, indéfiniment continuée.

Ainsi dans le tableau ci-dessus l'année 313 a 10 pour nombre d'or ; 322, la dernière année du cycle, a pour nombre d'or 19.

11. De ce que nous venons d'exposer, il résulte que si l'on connaît le nombre d'or d'une année *julienne* quelconque, on en déduira par une simple lecture dans le petit tableau qui précède, la date de la pleine lune ecclésiastique, ou pleine lune pascale.

L'année 304 ayant été prise pour origine de l'une des périodes, si l'on remonte de 19 ans en 19 ans vers le commencement de l'ère, on verra que l'un des cycles commence à l'an 19. Le précédent finissait donc à l'an 18, et prenait son origine à l'an 1er avant J.-C.

Par conséquent, si l'on ajoute 1 au millésime d'une année et qu'on divise par 19, le reste exprimera visiblement le nombre d'or.

Exemples :

Quel est le nombre d'or de l'année 825 ?

Le reste de la division de 826 par 19 est 9. Donc le nombre d'or de l'année 825 est 9.

Le tableau ci-dessus fait voir que la P. L. tomba le 7 avril ; et le calendrier de l'année montre que Pâques eut lieu le 9.

Année julienne 1878 ?

Nombre d'or 17. P. L. le 9 avril.

Pâques le 16.

Le 16 avril julien correspond au 28 grégorien. Les Russes, cette année, ont célébré Pâques huit jours après nous.

12. *Limites extrêmes dans la date du dimanche pascal.*

La P. L. pascale la plus rapprochée du commencement de l'année tombe le 21 mars ; si ce jour est un samedi, Pâques est célébré le lendemain 22. C'est le terme le plus court.

Quand la P. L. tombe le 20 mars, elle n'est pas la pleine lune pascale ; il faut se reporter à la suivante, arrivant le 18 avril. Si le 18 avril est un dimanche, Pâques est célébré le dimanche suivant, 25. C'est le terme le plus éloigné.

13. Pour obtenir, sans avoir à faire la division du millésime par 19, le nombre d'or de l'année et la P. L. pascale, nous emploierons le tableau N° 2 du calendrier.

INDICATION

De la date de la pleine lune pascale.

No 2

A.	n	MILLÉSIME.					P. L. Julienne.	P. L. Grég.
	7	26	45	64	83	,		
8	9							
	11	....	....	....	....	....	**15**	
	15	....	....	....	....	....	**1**	
15	18	....	....	....	....	....	....	**6**
1	19	....	....	....	....	....	**17**	**26**

Le corps du tableau est occupé par six colonnes contenant la suite des nombres, de 0 à 99. Les deux colonnes de droite, intitulées P. L. julienne et P. L. grégorienne, contiennent les dates des pleines lunes pascales, correspondant pour les deux styles julien et grégorien aux nombres d'or, lus dans la colonne n.

La colonne A, placée à gauche, porte une série de nombres ou indices qui croissent ou décroissent suivant une loi simple (1).

Pour trouver la P. L., on opère comme il suit :

1° *Quelle a été la pleine lune pascale en l'an 903 ?*

A côté du millésime centenaire 9, se lit l'indice 8 dans la colonne A ; ajoutez-y le millésime sous-centenaire 3. En regard de la somme 11 lisez la date 15 de la P. L. julienne.

P. L. pascale en l'*année julienne 1804 ?*

L'indice placé à côté de 18 est 15. 15 + 4 = 19. En regard de 19 se lit la date 17 pour la P. L. julienne. Pâques tomba le 24 avril.

Observation. — Quel que soit le millésime sous-centenaire, reportez-vous au millésime correspondant placé dans la colonne n.

(1) Les indices vont en augmentant de 5 unités : 1, 6, 11, 16, 2, 7, 12, etc. ; mais quand ils sont supérieurs à 19, on retranche ce dernier nombre.

Ainsi, opérez pour les millésimes 26, 45, 64 et 83 comme pour le millésime 7.

P. L. pascale en l'*an 964 ?*

64 étant sur la même ligne que 7, colonne n, opérez comme pour l'an 907 :

Indice 8. 8 + 7 = 15. P. L. le 1er avril. Pâques, en 964, le 3 avril.

14. Agissez de la même façon pour les pleines lunes grégoriennes jusqu'en 1899. Mais, pour une raison dont nous aurons l'explication plus loin, diminuez d'un jour la date obtenue depuis l'année 1583 jusqu'à l'année 1699.

Exemples :

En 1626, la P. L. indiquée à la date du 12 avril est reportée à la veille ; et, comme le 11 avril est un samedi, Pâques fut célébré le 12.

En 1609, la P. L. indiquée au 21 mars est ramenée au 20. Ce ne fut donc pas la P. L. pascale (12). Il fallut se reporter à la P. L. suivante, du 18 avril, qui fixa Pâques à la date du 19.

Cette rétrogradation d'un jour n'a visiblement d'influence que dans les circonstances analogues aux précédentes, c'est-à-dire quand la pleine lune donnée par le calendrier tombe un dimanche, qui se trouve alors le dimanche pascal ; et quand la P. L. arrive le 21 mars, auquel cas on se reporte à celle du 18 avril.

Nous verrons s'imposer de nouvelles corrections à partir de 1900, par suite de la réforme grégorienne.

QUESTIONS DIVERSES.

1° *Quelle fut la date de Pâques en l'an 325?*

P. L., le 13 avril; Pâques, le 18.

2° *Le massacre connu dans l'histoire sous le nom de Vêpres-Siciliennes commença le lundi de Pâques en l'an 1282. Quelle est la date correspondante?*

P. L., le 27 mars; Pâques, le 29.

Réponse : Le 30 mars.

3° *On veut retrouver la date oubliée d'un fait historique accompli dans le XVe siècle. On sait que Pâques, en cette année, fut signalé comme tombant à sa date la plus éloignée, le 25 avril, et que le fait eut lieu le mardi suivant.*

Réponse : Le fait s'est produit le mardi 27 avril 1451.

Pour résoudre ce problème, observons que la P. L. tomba nécessairement le 18 avril, un dimanche.

Or, à la P. L. du 18 correspond le nombre d'or 8, colonne n. L'indice correspondant à 14 étant

14, colonne A, on voit immédiatement que les années *1413, 1432, 1451, 1470* et *1489* sont les seules, en ce siècle, où la P. L. tombe le 18 avril. De ces cinq années, *1451* est la seule pour laquelle le 18 ou le 25 avril correspond au dimanche ; ce qu'on constate par le tableau N° 1.

4° *Une charte du VIIIe siècle est datée du 13 mai, jour de l'Ascension, en une année postérieure à 720. Déterminer laquelle?*

Réponse : L'année 728.

Pour résoudre ce problème, remarquons d'abord que l'Ascension, au 13 mai, correspond au 4 avril pour la fête de Pâques, 39 jours avant.

Il faut donc cette double coïncidence :

1° Le 4 avril est un dimanche ;

2° La P. L. tombe le 30 ou le 29 mars, le 1er ou le 2 avril.

Or, l'examen du tableau des pleines lunes sur le calendrier nous montre, à première vue, que la P. L. du 30 mars correspond aux seules années du VIIIe siècle : *709, 728, 747, 766, 785 ;* et nous voyons également, par le tableau N° 1, qu'en l'année *728,* le 4 avril est un dimanche.

728 remplit donc les conditions du problème.

Si l'on agit de même pour les pleines lunes du 29 mars, du 1er et du 2 avril, on verra que Pâques tomba pareillement le 4 avril en 706 et en 717. Ce sont les trois seules années du siècle présentant le dimanche pascal à cette date.

Nota. Si l'on avait ainsi posé la question : *L'année cherchée appartient aux 30 premières années du siècle,* les données seraient insuffisantes, à moins qu'on n'ajoutât qu'il s'agit d'une année bissextile.

5° *Quelle fut la date de Pâques en l'année grégorienne 1583, qui suivit immédiatement la réforme?*

P. L., le jeudi 7 avril ; Pâques, le 10.

6° *Quelle fut la date de la même fête chez les dissidents?*

P. L., le 30 mars ; Pâques, le 31.

Nota. Le 31 mars julien correspondant au 10 avril grégorien, on voit qu'en 1583 Pâques, dans les deux styles, fut célébré le même jour.

7° *En quelle année du XVII*e *siècle Pâques tomba-t-il, dans le style julien, à la date extrême du 22 mars?*

Réponse : En 1668.

En effet, la P. L. tombant nécessairement le 21, un samedi, le calendrier nous montre, comme dans le problème N° 3, que les seules années du XVIIe siècle dans lesquelles le 21 mars est une date de P. L. sont : *1611, 1630, 1649, 1668 et 1687.*

De ces cinq années, *1668* est la seule dans laquelle le 22 mars tombe un dimanche.

Le même problème, dans le style grégorien, nous conduit à l'année 1693.

8° *Quelle sera la date du Vendredi-Saint, avant-veille de Pâques, en l'année grégorienne* ***1880*** *?*

P. L., le 26 mars; Pâques, le 28; Vendredi-Saint, le 26.

9° *Quelle sera la date de Pâques en l'année julienne* ***3000*** *?*

P. L., le 29 mars; Pâques, le 30.

15. En multipliant l'un par l'autre le cycle de Méton et celui de 28 ans relatif au retour des jours de la semaine aux mêmes dates du mois (8), on obtient le nombre 532, qui porte le nom de *cycle pascal* (37).

Dans le style julien, le calendrier d'une année se répète identiquement après 532 ans, tant pour les jours que pour la date de Pâques et des fêtes mobiles.

RÉFORME GRÉGORIENNE

AU SUJET DE LA FIXATION DU DIMANCHE PASCAL.

16. La réforme opérée en 1582 n'eut pas pour seul but ni pour unique résultat de replacer l'équinoxe à la date du 21 mars et de donner désormais à l'année civile une durée moyenne très-sensiblement égale à l'année astronomique.

Il fallait en même temps, et c'était la plus grande difficulté, ramener les nouvelles et les pleines lunes du calendrier à leurs dates vraies (1), et éliminer pour l'avenir les causes d'erreur qui s'étaient révélées au cours des siècles, et par suite desquelles la fête de Pâques ne se célébrait pas toujours suivant les prescriptions du Concile de Nicée.

En effet, le Concile, en fixant le jour de Pâques au dimanche qui suivrait la pleine lune tombant le 21 mars, ou le plus prochainement après le 21 mars, avait, ainsi que nous l'avons expliqué plus haut, adopté le cycle de 19 ans, supposé contenir exactement 235 lunaisons. Les nouvelles et les pleines lunes, dans cette hypothèse, devaient revenir indéfiniment aux mêmes dates après chaque période de 19 ans. On pouvait donc fixer le jour de Pâques longtemps à l'avance, ainsi que toutes les fêtes mobiles, et préparer ainsi les calendriers des années à venir, même les plus éloignées.

Mais le cycle de Méton n'est pas d'une exactitude parfaite : au bout de 19 ans, les pleines lunes ecclésiastiques sont en retard de 1 heure 28 minutes environ, soit *un jour* en 312 ans.

Or, les pleines lunes ecclésiastiques et les

(1) Nous parlons toujours des lunaisons moyennes qui diffèrent parfois d'un jour ou deux avec les lunaisons astronomiques.

3

pleines lunes astronomiques se trouvèrent en concordance vers le milieu du VIe siècle (10). Il en résulte qu'elles étaient, au moment de la réforme, en désaccord de *trois* jours. Ainsi, en 1582, la pleine lune astronomique arriva le 7 avril, tandis que la pleine lune pascale était annoncée par le calendrier à la date du 10, trois jours plus tard. Pâques fut célébré le 15, tandis qu'il l'eût été le 8, si la pleine lune avait été indiquée à sa date vraie. Un fait semblable s'était antérieurement produit un certain nombre de fois.

A la réformation, on rétablit la pleine lune à sa date astronomique, en même temps qu'on ramenait l'équinoxe de printemps au 21 mars par la suppression de dix jours, qui fit suivre le jeudi 4 décembre 1582 du vendredi 15 du même mois.

Cette double correction amena nécessairement un déplacement relatif des nombres d'or et des pleines lunes correspondantes indiqués au N° 10.

C'est pour en tenir compte que, sur le calendrier perpétuel, nous avons une deuxième colonne, qui donne les pleines lunes correspondant aux nombres d'or depuis la réforme, et applicable, sans correction aucune, au XVIIIe et au XIXe siècle ; mais, comme nous l'avons dit ci-dessus, il faut faire rétrograder la P. L. d'un jour, de 1583 à 1699. Nous allons en comprendre la raison.

CORRECTION GRÉGORIENNE

POUR LES LUNAISONS DES SIÈCLES FUTURS.

17. Les pleines lunes pascales au-delà du XIXe siècle s'obtiendraient, sans correction aucune, au moyen des indications du calendrier, si 235 lunaisons embrassaient exactement la durée de 19 années grégoriennes ; mais il n'en est pas ainsi :

En effet, la lunaison est de 29 j. 53059 ; soit 6939 j. 68865 pour 235 lunaisons.

19 années grégoriennes, égales chacune à 365 j. 2424, comprennent 6939 j. 605.

La différence, bien que très-faible dans une période de 19 ans, donne néanmoins, en s'accumulant, *un jour* en 228 ans, ou très-sensiblement 11 jours en 2500 ans.

Ainsi les pleines lunes du calendrier grégorien, qui concordent avec les pleines lunes astronomiques dans tout le cours du XVIIIe et du XIXe siècle, seraient en désaccord de 11 jours avec ces dernières en l'an 4300, la pleine lune ecclésiastique s'étant progressivement rapprochée du commencement de l'année, à l'inverse de ce qui se produisait dans les années juliennes de 365 j. 1/4.

Il s'agissait donc, pour maintenir la concordance, de répartir, par voie d'addition, ces 11 jours entre 1900 et 4300, suivant une loi aussi simple que possible, et d'en continuer l'application pour les périodes successives de 2500 ans.

18. Le moyen ingénieux et rationnel adopté par les réformateurs de 1582 se traduit par la règle suivante :

La période de 2500 ans comprend 7 séries de 3 siècles, suivies d'une huitième qui en compte 4 ; cela étant, il fut décidé que l'addition d'un jour aux pleines lunes ecclésiastiques du siècle précédent ne porterait pas sur le *dernier siècle* de ces huit séries.

L'addition ne dut se faire non plus pour aucun des siècles bissextiles, qui sont au nombre de 6 en 2500 ans. En tout 14 siècles exemptés de la correction.

Il reste donc précisément 11 siècles sur lesquels on opérera l'addition d'un jour, chacun se superposant à ceux qui précèdent, de façon à compléter en 2500 ans les 11 jours plus haut mentionnés.

Les siècles exemptés de l'addition d'un jour sont, dans les séries ternaires, à partir de 1800 :

2100, ***2400;*** 2700, 3000, 3300, ***3600,*** 3900, 4300.

et les bissextiles :

2000, ***2400,*** 2800, 3200, ***3600,*** 4000.

Or, comme les millésimes 2400 et 3600 se trouvent dans les deux groupes, et que les siècles exemptés de la correction lunaire se réduiraient à

12 au lieu de 14, on fait rétrograder la lune d'un jour dans chacun des deux siècles 2400 et 3600, ce qui rétablit la proportion.

Millésime séculaire.	1800	19	20	21	22	23	24	25	26	27	28	29	30	31	32	33	34	35	36	37	38	39	40	41	42	4300
Correction lunaire.	0	1	1	1	2	3	2	3	4	4	4	5	5	6	6	6	7	8	7	8	9	9	9	10	11	11

Et pour la période suivante, s'étendant de 4300 à 6800 :

Millésime séculaire.	4300	44	45	46	47	48	49	50	51	52	53	54	55	56	57	58	59	60	61	62	63	64	65	66	67	6800
Correction lunaire.	11	11	12	12	13	13	13	14	15	14	15	16	16	15	17	17	18	18	18	19	20	19	20	21	22	21

Et ainsi de suite indéfiniment (1).

19. De là le tableau ci-contre, indiquant en regard de chaque siècle le total des jours dont s'augmentent les dates des P. L. indiquées par le calendrier ;

(1) Dans le tableau du § 22, nous avons indiqué la correction lunaire jusqu'en 9900.

Ainsi, à partir de 1900 jusqu'a 2199, les P. L. indiquées par le calendrier sont reculées d'un jour.

A partir de 3600 elles reculent de 7 jours ;

En 6800 elles reculent de 21 jours, etc.

C'est cette même loi, prolongée en arrière de 1800, qui explique la rétrogradation d'un jour, plus haut indiquée, pour les lunaisons de 1583 à 1699 (14).

Pleine lune tombant le 19 avril.

20. Nous avons vu que, dans le style julien, d'après les règles fixées par le Concile de Nicée, les pleines lunes arrivent à des dates invariables, inscrites sur notre calendrier dans la colonne P. L.

La date la plus éloignée est le 18 avril ; de sorte que Pâques tombe au plus tard, et fort rarement d'ailleurs, le 25 avril.

On remarque en outre que la P. L. arrive à des dates différentes dans toute la période de 19 ans.

Ces deux dernières lois ont été maintenues à la suite de la réforme grégorienne.

Or, la correction lunaire (addition de 11 jours répartis sur 2500 ans) a pour effet évident de faire passer la pleine lune à toutes les dates entre le 21 mars et le 18 avril ; et d'autre part, de la porter au 19 avril, au 20, au 21, etc.

Si la pleine lune, par l'effet de la correction grégorienne, est portée au 19 avril, et que ce jour soit un dimanche, Pâques devrait être célébré le 26 avril, contrairement à la décision du Concile de Nicée, qui fixe la date extrême au 25.

Pour y demeurer fidèle, on convint que la P. L. tombant le 19 serait réputée P. L. du 18. Et si, dans le même cycle, il y a une pleine lune le 19 et une le 18, cette dernière est reportée au 17, afin qu'il n'y ait pas deux pleines lunes à la même date.

C'est ce qui se réalise, par exemple, dès 1900 et dans les deux siècles qui suivent. En effet, l'addition lunaire est de 1 jour. En ajoutant 1 aux dates de toutes les pleines lunes de la colonne P. L., on tombe à la fois sur 18 + 1 ou 19, et 17 + 1 ou 18. Ces deux pleines lunes conservent respectivement leurs dates du 18 et du 17.

Exemples :

Quelle sera la date du dimanche pascal en 1905 (style gr.) ?

La P. L. indiquée sur le calendrier au 18 avril est maintenue sans correction.

Pâques sera célébré le lendemain dimanche 19.

Déterminer la date de Pâques en l'an 2106.

La P. L. indiquée par le calendrier au 17 avril est maintenue à cette date.

Pâques sera célébré le lendemain dimanche 18.

21. Quand la pleine lune, par l'effet de la correction, est portée au 20 avril, ce n'est plus la P. L. pascale, puisqu'elle a été précédée, à 30 jours de distance, par celle du 21 mars. C'est cette dernière qui règle Pâques.

De même les P. L. du 21 avril, du 22, etc.,

répondent aux pleines lunes pascales du 22 mars, du 23, etc.

Exemples :

Quelle sera la date du dimanche pascal en l'an grégorien 5048? (La correction lunaire pour le siècle commençant à 5000 est de 5 jours (19).

Indication sur le calendrier : P. L., le 15 avril. L'addition de 5 jours nous porte au 20. La pleine lune pascale tombe donc le 21 mars.

Pâques sera célébré le dimanche 26 mars.

Pâques en 2201? (Addition lunaire, 2 jours).

Indication sur le calendrier : P. L. le 17 avril. L'addition de deux jours la portant au 19, cette date compte pour le 18, et Pâques sera célébré le dimanche 19.

Pâques en l'année grégorienne 6500? (Correction lunaire, 20 jours).

Indication sur le calendrier : P. L., le 22 mars. L'addition de 20 jours la porte au 11 avril.

Pâques, le 18.

22. Quelque peu embarrassante que soit cette recherche de la P. L. pascale dans les siècles futurs, et bien qu'elle n'offre qu'un intérêt de pure curiosité, nous présentons, à la page suivante, un tableau qui donne immédiatement la P. L. pascale corrigée depuis 1900 jusqu'à 2299. On agirait de même pour une période séculaire quelconque.

MILLÉSIME.						P. L. PASCALE			
						1900	2000	2100	2200
0	....	....	....	....	....	14	18	25	31
1	20 1	39 9	58 17	77 25	96 3	3	8	13	18
2	21 1	40 9	59 18	78 26	97 4	23	28	2	8
3	22 2	41 10	60 18	79 27	98 5	11	16	22	28
4	23 3	42 11	61 18	80 26	99 5	31	5	10	15
5	24 2	43 11	62 19	81 27		18	25	30	4
6	25 3	44 11	63 20	82 28		8	13	17	24
7	26 4	45 12	64 19	83 28		28	2	7	12
8	27 4	46 12	65 20	84 28		16	22	27	1
9	28 4	47 13	66 21	85 29		5	10	14	21
10	29 5	48 13	67 22	86 29		25	30	3	9
11	30 5	49 13	68 21	87 30		13	17	23	29
12	31 6	50 14	69 22	88 30		2	7	11	17
13	32 6	51 15	70 23	89 30		22	27	31	6
14	33 6	52 14	71 23	90 1		10	14	18	26
15	34 7	53 15	72 23	91 2		30	3	8	14
16 —1	35 8	54 16	73 24	92 2		17	23	28	3
17	36 7	55 16	74 24	93 2		7	11	16	23
18	37 8	56 16	75 25	94 3		27	31	5	11
19 1	38 9	57 17	76 25	95 4		14	18	25	31

Exemples :

Quelle sera la date de la P. L. pascale en l'an 2147 ?

En face de 47, dans la colonne 2100, nous lisons immédiatement la date 14. Le calendrier de l'année nous donne Pâques à la date du 16 avril.

P. L. pascale en 2200 ?
Réponse : P. L., le 31 mars ; Pâques, le 6 avril.

P. L. pascale en 2299 ?
Réponse : P. L., le 15 avril ; Pâques, le 16.

23. Dans le tableau qui précède, au-dessous des millésimes 19, 20, 21, 22 . . . . 99, que nous considérerons à cet effet comme les millésimes centenaires 1900, 2100. . . . . 9,900, nous avons inscrit les chiffres qui représentent la correction lunaire afférente à chaque siècle, d'après la règle du N° 19. Ainsi, à 2500 correspond la correction lunaire 3. Elle est de 5 pour 2900 et 3000. . ; . . . , etc.

A partir de 9,000, la correction étant de 31 jours, on supprime une lunaison entière de 30 jours, et l'on recommence par 1. Pour le siècle 9,900, la P. L. est corrigée par l'addition de 5 jours.

FÊTES MOBILES.

24. Les fêtes mobiles du calendrier ecclésiastique sont placées à des intervalles constants du dimanche de Pâques, dont elles suivent les variations. Tout le monde sait, par exemple, que le jour de l'Ascension est le jeudi, 39e jour après Pâques. La Pentecôte se célèbre le deuxième dimanche après l'Ascension, 49 jours après Pâques.

Le tableau suivant, qui pourrait être complété suivant les besoins, indique les dates relatives de Pâques et des principales fêtes mobiles.

Septuagésime	18 / 19 janvier	28 / 29 janvier	1 / 2 fév.	6 / 7 fév.	11 / 12 fév.	16 / 17 fév.	21 / 22	années communes. / années bissextiles.
Cendres	4 / 5 fév.	14 / 15 fév.	18 / 19 fév.	23 / 24 fév.	28 / 29 fév.	5 mars	10 mars.	
Passion	8 mars	18 mars	22 mars	27 mars	1er avril	6 avril	11 avril.	
PAQUES	22 mars	1er avril	5 avril	10 avril	15 avril	20 avril	25 avril.	
Ascension	30 avril	10 mai	14 mai	19 mai	24 mai	29 mai	3 juin	
Pentecote	10 mai	20 mai	24 mai	29 mai	3 juin	8 juin	13 juin	
Fête-Dieu	21 mai	31 mai	4 juin	9 juin	14 juin	19 juin	24 juin	

NOUVELLES ET PLEINES LUNES

AU COURS D'UNE ANNÉE QUELCONQUE.

25. La date connue de la P. L. pascale entraîne visiblement la connaissance des dates de toutes les pleines lunes de l'année.

En effet, la durée d'une lunaison étant de 29 j. 53059, il suffira d'ajouter alternativement 30 et 29 jours à la date de la première P. L. pour avoir très-approximativement les dates des suivantes.

Si, par exemple, la P. L. tombe le 30 mars, il y aura également P. L. le 29 avril, 30 jours plus tard ; et de même :

P. L.	le 28 mai	29	jours plus tard.
—	le 27 juin.	30	—
—	le 26 juillet. . . .	29	—
—	le 25 août	30	—
—	le 23 septembre. .	29	—
—	le 23 octobre. . .	30	—
—	le 21 novembre. .	29	—
—	le 21 décembre. .	30	—

Or, comme il ne peut être ici question que de phases lunaires approchées, on voit qu'il suffira d'avancer la P. L. d'un jour de mois en mois, à partir de mars ou d'avril.

Il est aisé de constater d'ailleurs que les mois de janvier et de février, contenant ensemble

59 jours, les pleines lunes de janvier et de mars ont même date, ainsi que celles de février et d'avril.

EXEMPLES :

En 1878, la P. L. pascale tomba le 17 avril; on peut en conclure qu'en novembre la P. L. arrivera vers le 10.

Voltaire, dans *la Henriade,* parlant du massacre de la Saint-Barthélemy, qui eut lieu, comme on sait, dans la nuit du 23 au 24 août 1572, s'exprime ainsi :

> De ce mois malheureux l'inégale courrière
> Semblait cacher d'effroi sa tremblante lumière.

Or, la P. L. pascale, en 1572, tomba le 1er avril, et la P. L. astronomique, le 29 mars, trois jours avant (16). Mars et août sont séparés par un intervalle de 5 mois; la P. L. arriva donc le 24 août, la nuit même du massacre.

Il en faut conclure que l'*inégale courrière* du poète se cachait derrière les nuages.

NOUVELLES LUNES.

26. Les nouvelles lunes se comptent 14 ou 15 jours avant et après les pleines lunes.

Nous avons fait observer au § 16 que les P. L. ecclésiastiques étaient en coïncidence avec les P. L. astronomiques vers le milieu du VIe siècle. Par suite de la non-exactitude des nombres adoptés pour la durée de l'année tropique et pour celle de la lunaison, la coïncidence n'existait ni après ni avant ce VIe siècle ; l'écart augmentait de 1 jour en 300 ans environ, la P. L. ecclésiastique se rapprochant plus que l'autre de la fin du mois.

Il faut naturellement tenir compte de cet écart dans la détermination de la P. L. vraie, au moyen de la P. L. donnée par le calendrier.

Nous retrancherons donc *un jour* à la P. L. ecclésiastique à partir de l'an 900, et *deux jours* à partir de 1200.

En 1582, les réformateurs du calendrier eurent à retrancher 3 jours.

A l'inverse, si nous remontons vers les siècles antérieurs au VIe, nous ajouterons un jour à la P. L. du calendrier vers l'an 300 ; 2 jours au commencement de l'ère ; 3 jours vers l'an 300 avant J.-C., et ainsi de suite.

27. P. L. DANS LES ANNÉES AVANT J.-C.

Soit l'année quelconque 585 avant J.-C.

On cherchera simplement la P. L. pascale de l'an 585 après J.-C., et on la retranchera de 31.

P. L. pascale en 585, 21 mars.

P. L. en l'an 585 av. J.-C., 10 avril (14 avril après correction, suivant l'indication du § précédent.

Soit l'année 890 avant J.-C. :

P. L. pascale en l'an 890, 9 avril.

P. L. en l'an 890 av. J.-C., 22 mars (27 mars après correction).

29. C'est surtout dans la discussion des dates se rapportant à des éclipses de soleil ou de lune que le calcul approché des phases lunaires offre de l'intérêt.

Ces événements, en effet, frappèrent toujours l'imagination des peuples, et les historiens ne manquèrent pas d'en signaler la coïncidence avec les faits qu'ils avaient à raconter.

Or, les éclipses ne peuvent avoir lieu qu'aux époques des nouvelles et des pleines lunes. S'il s'agit d'une éclipse de soleil, la lune est nouvelle. Y a-t-il éclipse de lune, celle-ci est dans son plein.

On a ainsi un moyen de contrôle très-important.

En voici un exemple remarquable :

La tradition chrétienne nous apprend que le jour et à l'heure de la mort de Jésus-Christ, le vendredi 3 avril de l'an 33, la terre fut couverte de ténèbres.

L'âge de la lune permet-il d'attribuer le phénomène à une éclipse de soleil ?

Réponse : Non.

En effet, le calendrier de l'an 33 nous indique

la P. L. pascale (1) au 1er avril. En appliquant la correction de deux jours pour l'âge de la P. L. astronomique (26), on voit que la lune était *pleine* précisément à la date ci-dessus.

Les historiens français, lit-on dans l'*Art de vérifier les Dates*, rapportent qu'on vit en France une éclipse de soleil le 5 mai 840, veille de l'Ascension.

Ces indications sont elles contredites par le calendrier ?

Réponse : Elles sont pleinement confirmées :

1° La P. L. pascale est indiquée par le calendrier au 22 mars ; par suite, il y eut P. L. astronomique vers le 20 mai, et nouvelle lune vers le 5 ;

2° Pâques est indiqué à la date du 28 mars ; ce qui implique l'Ascension au 6 mai, 39 jours après.

Un auteur anonyme témoigne avoir vu en France une éclipse de soleil le 13 janvier 1013. L'âge de la lune y contredit-il ?

Réponse : Non.

La P. L. est indiquée au 30 mars ; P. L. astronomique vers le 28 ; et il en fut de même en janvier. Donc, N. L. du 13 au 14.

(1) Au moyen du calendrier, on obtient la date fictive de Pâques dans les années antérieures à l'époque où la fête fut fixée par les chrétiens, et particulièrement par les Pères de l'Eglise au Concile de Nicée.

D'après les données des astronomes, il y aura une éclipse de soleil le 30 juin 1973. La date de la nouvelle lune donnée par le calendrier y contredit-elle?

Réponse : Non.

En effet, la P. L. est indiquée par le calendrier au 18 avril, et par suite au 16 juin.

La lune sera donc nouvelle 14 ou 15 jours après, c'est-à-dire vers le 30.

AGE DE LA LUNE A UNE DATE DONNÉE.

30. Pour avoir l'âge de la lune à une date donnée, ajoutez au quantième le nombre constant 14, et retranchez la date de la P. L. du mois considéré.

Exemples :

Quel sera l'âge de la lune le 10 janvier 1879 ?

P. L. le 6 avril, et par suite le 7 janvier (25).

$$14 + 10 - 7 = 17.$$

Réponse : la lune aura 17 jours.

Quel était l'âge de la lune le 13 mai 1865 ?

P. L. le 10 avril, et par suite le 9 mai.

$$14 + 13 - 9 = 18.$$

Réponse : 18 jours.

Quel était l'âge de la lune le 10 juillet de l'an 597 avant J.-C.?

P. L. en l'an 597 le 7 avril, et par suite P. L. le 24 mars en l'an 597 avant J.-C. (27).

La correction de 4 jours nous reporte au 28 mars (26). La P. L. en juillet tomba donc vers le 24.

$$14 + 10 - 24 = 0.$$

Réponse : la lune était ou allait être nouvelle.

Age de la lune le 6 juin de l'an 533 avant J.-C.

P. L. en l'an 533, le 25 mars.

P. L. en l'an 533 avant J.-C., le 6 avril.

La correction de 4 jours nous reporte au 10 avril.

La P. L. en juin tomba donc vers le 8.

$$14 + 6 - 8 = 12.$$

Réponse : la lune avait environ 12 jours.

Les historiens rapportent, d'après Ptolémée, qu'il y eut une éclipse de lune le 19 mars de l'année 721 avant J.-C. Quel était, d'après le calendrier, l'âge de la lune à cette date ?

Réponse : le calendrier indique la pleine lune au 14 avril ; la correction de 4 jours porte la P. L. vraie au 18, et la précédente au 19 mars ; donc la lune était pleine au jour de l'éclipse.

Après avoir exposé le mécanisme et l'emploi du calendrier perpétuel, et résolu les diverses questions qui s'y rattachent, nous signalerons quelques particularités curieuses ou intéressantes pour le lecteur.

31. *Relation entre les Pâques grégoriennes et les Pâques juliennes.*

Les auteurs de l'*Art de vérifier les dates* s'expriment ainsi sur ce sujet : « Les Pâques des » sectateurs de l'ancien calendrier avancent ou » reculent sur les nôtres quelquefois d'un mois » entier ; tantôt elles s'en rapprochent plus ou » moins. »

Ces indications sont incomplètes et pourraient sembler inexactes (1).

(1) Il est certain que les auteurs de l'*Art de vérifier les dates* ont voulu parler seulement des dates numériques du dimanche pascal, indiquées pour l'un et l'autre style dans leurs tables chronologiques jusqu'en 2000, et non du dimanche pascal lui-même.

Ainsi, en 1650, par exemple, Pâques julien tomba le 14 avril, et Pâques grégorien le 17 ; mais il ne faut pas perdre de vue que le 14 avril julien correspond au 24 grégorien, et qu'ainsi les Russes célébrèrent Pâques huit jours après nous.

En 1880 les dates respectives de Pâques seront le 20 avril julien et le 28 mars grégorien.

Enfin, en l'an 6850, Pâques tombera à la même date, 17 avril, dans les deux styles ; mais le 17 avril julien correspond au 5 juin grégorien.

En effet :

1° Les Pâques juliennes ne précèdent jamais les Pâques grégoriennes ;

2° Elles coïncident fréquemment dans les premiers siècles après la réforme. La coïncidence devient moins fréquente de trois en trois siècles ; elle cesse d'être possible à partir de 2700 ;

3° Les Pâques juliennes retardent généralement de 8 jours sur les nôtres dans une longue suite de siècles : le retard est quelquefois de quatre à cinq semaines.

En ce qui touche les deux premières propositions, observons que, par suite de la correction grégorienne, la P. L. pascale s'écarte peu de la P. L. astronomique, tandis que la P. L. julienne s'en éloigne en ce moment de 4 jours. L'écart était de 3 jours dans le 16° siècle, et il augmente d'un jour en 312 ans (16).

Or, comme dans les deux styles, Pâques suit la P. L. indiquée par le calendrier, il est visible que le dimanche pascal julien ne peut précéder le nôtre.

Prenons en exemple l'année 1878.

La P. L. est indiquée par notre calendrier au 17 avril ; de sorte que Pâques a été célébré le dimanche 21.

La P. L. julienne arrivant 4 jours après la grégorienne, c'est-à-dire le 21 avril, les Pâques russes tombèrent le 28, huit jours après les nôtres, et à la date du *16 avril* dans le calendrier julien.

D'autre part, si la P. L. grégorienne, jusqu'en 2199, arrive le dimanche, le lundi ou le mardi, la P. L. julienne tombe visiblement dans la même semaine, et le dimanche qui suit est le jour pascal commun aux deux styles.

Si la P. L. grégorienne arrive le mercredi ou après le mercredi, il est visible que la P. L. julienne tombe dans la semaine suivante, et Pâques recule de 8 jours.

Ainsi, en 1876, la P. L. grégorienne est arrivée le dimanche 9.

Pâques a été célébré dans les deux styles le même jour 4/16 avril.

En 1878, notre P. L. pascale est arrivée le mercredi 17. Les Pâques russes ont eu lieu huit jours après les nôtres.

Jusqu'à la fin du siècle actuel, il y aura coïncidence en 1879, 1882, 1885, 1889, 1892, 1895 et 1896.

En ce qui se rapporte au retard de 4 à 5 semaines, observons que si notre P. L. pascale tombe le 28 mars, ou avant le 28 mars, la P. L. julienne arrive le 1er avril ou avant le 1er avril.

Or, le 1er avril grégorien correspond au 20 mars julien. Cette lune n'est donc pas la lune pascale pour les dissidents ; il faut se reporter à la suivante, au 18/30 avril. Alors les deux fêtes sont séparées par un intervalle qui peut être de plus d'un mois.

Exemples :

Année 1888 :

P. L. pascale grégorienne le 27 mars, Pâques le dimanche 1er avril.

P. L. pascale julienne le 18 avril, Pâques le 24 avril / 6 mai.

Année 1899 :

P. L. grégorienne le 26 mars, Pâques le 2 avril.

P. L. grégorienne le 17 avril, Pâques le 18/30 avril.

Année 1907 :

P. L. pascale grégorienne le 28 mars, Pâques le dimanche 31 mars.

P. L. pascale julienne le 18 avril, Pâques le dimanche 22 avril / 5 mai.

32. La correction lunaire et l'écart qui s'augmente de siècle en siècle entre l'équinoxe astronomique et le 21 mars julien, modifient les relations entre les Pâques des deux styles. Nous n'y insisterons pas davantage ; mais nous faisons observer que vers l'an 2700, la P. L. julienne suit la P. L. grégorienne à 7 jours de distance ; elle ne tombera donc pas dans la même semaine que celle-ci, et les deux fêtes de Pâques ne coïncideront plus.

Exemple : *Année 2701.*

P. L. grégorienne le dimanche 14 avril ; Pâques le 21.

P. L. julienne le 2/21 avril ; Pâques le 9/28 avril.

33. *Retour de Pâques aux dates extrêmes du 22 mars et du 25 avril, dans le style julien.*

1° Si Pâques tombe le 22 mars ou le 25 avril d'une année *julienne non bissextile*, il en sera de même 95 ans plus tard ;

2° Si l'année est bissextile, le retour à la même date du 22 mars ou du 25 avril ne se produira qu'après 247 ans.

Si donc on connaît l'une des années dans lesquelles cette circonstance a lieu, on en peut déduire toutes les autres :

Pâques tombant le 22 mars.	Pâques tombant le 25 avril.
72	45
319	140
414	387
509	482
604	577
851	672
946	919
1041	1014

22 mars :	25 avril :
1136	1109
1383	1204
1478	1451
1573	1546
1668	1641
1915	1736
2010	1983

La raison d'une telle loi est facile à saisir.

Le nombre 95 étant un multiple de 19, la P. L. tombera à la même date après 95 ans. De plus, si la première année n'est pas bissextile, le tableau N° 1 nous montre que les dimanches dans l'une et l'autre année tombent pareillement aux mêmes dates, c'est-à-dire que les millésimes sous-centenaires 1 et 96, 2 et 97, correspondent au même indice (tableau N° 1).

Mais si la première des deux années est bissextile, le dimanche n'arrive à la même date qu'après 247 ans (247 est égal à 19 × 13.)

Les quatre périodes de 95, 95, 95 et 247 ans, forment ensemble le nombre 532, ce qui doit être ; puisqu'après 532 ans, (19 × 28), les calendriers se reproduisent absolument dans le même ordre, tant pour les jours que pour les lunaisons (15).

Nota. — La loi ci-dessus n'existe plus dans le calendrier grégorien.

34. *Remarque relative au style grégorien.*

Pâques tomba le 22 mars en l'année grégorienne 1818.

Cette circonstance ne pourra se reproduire ni dans le 20e siècle, ni dans le 21e, ni dans le 22e.

En effet, la correction lunaire pour ces trois siècles étant de 1 jour (19), la P. L. du 21 passe au 22, et Pâques ne peut arriver plus tôt que le 23 : ce qui aura lieu en 1913, en 2008 et 2160.

A partir de 2200, la correction de 2 jours appliquée à la P. L. du 18 avril la ramène au 20, et la P. L. pascale tombe à nouveau sur le 21 mars. Il en résulte que dans le 23e siècle Pâques peut arriver le 22, si la P. L. du 21 tombe un samedi. C'est ce qui a lieu en 2285.

On peut continuer cette discussion, et l'on reconnaîtra que, dans les siècles commençant à 2600 2700, 2800, pour lesquels la correction lunaire est de 4 jours, le 23 mars sera le terme de Pâques le plus court.

35. Il n'en est pas de même pour le terme extrême du 25 avril ; en effet, quelle que soit la correction séculaire, nous avons toujours une P. L. le 18 avril dans chaque période de 19 ans (20).

Il suffit donc que cette P. L. du 18 avril tombe le dimanche en une certaine année, pour que

Pâques arrive le 25. C'est ce qui se produira en 1886, 1943, 2038, 2190, 2258, etc.

56. *Retour de la fête de Pâques aux mêmes dates.*

1° Retour après 5 ans.

Si dans une année précédant immédiatement une bissextile, la P. L. pascale tombe un dimanche, Pâques arrive à la même date 5 ans plus tard.

Exemples :

1003	1008
P. L. le D. 21 mars.	P. L. le 25.

Pâques le 28 mars.

1835	1840
P. L. le D. 12 avril.	P. L. le 17.

Pâques le 19 avril.

1875	1880
P. L. le D. 21 mars.	P. L. le 26.

Pâques le 28 mars.

On s'en rend aisément compte.

En premier lieu, remarquons au moyen du tableau N° 1 dans le calendrier, qu'en ces deux années, où la première précède une bissextile, le dimanche, à partir de mars, tombe à la même date.

Quant aux lunaisons, le tableau N° 2 fait voir que la P. L., passé cinq ans, arrive au plus tard six jours après ; ordinairement 5, rarement 4.

Les deux P. L. tomberont donc dans la même semaine de mars ou d'avril, si la première arrive un dimanche ; et Pâques aura même date dans les deux années (1).

Le retour après cinq ans peut même avoir lieu, quoique bien plus rarement, si la P. L. pascale, en la 1re année, tombe le lundi ou le mardi.

Exemples :

1023	1028
P. L. le mardi 9 avril.	P. L. le 13.

Pâques le 14 avril.

1919	1924
P. L. le lundi 14 avril.	P. L. le 18.

Pâques le 20 mars.

2° Retour après 6 ans.

Si, dans une année bissextile ou suivant immédiatement une bissextile, la P. L. tombe un samedi, Pâques arrivera le *plus ordinairement* à la même date, 6 ans plus tard.

Exemples :

540	546
P. L. le sam. 7 avril.	P. L. le 1er.

Pâques le 8 avril.

(1) A moins que, par le retard de 4, 5 ou six jours, la 2e P. L. ne tombe après le 18 avril. Dans ce cas, la P. L. pascale arrive en mars, et Pâques anticipe de 3 ou 4 semaines.

1221.	1227.
P. L. le sam. 10 avril.	P. L. le 4.

Pâques le 11 avril.

1869.	1875.
P. L. le sam. 27 mars.	P. L. le 21.

Pâques le 28 avril.

3° Retour après 11 ans.

Si, dans une année non bissextile, la P. L. pascale tombe du jeudi au samedi, Pâques arrivera à la même date, onze ans plus tard.

Nota. — La P. L., dans la 2e année de la période, arrivant *un* ou *deux* jours plus tôt, le retour est bien plus fréquent que les précédents. Il peut se produire d'ailleurs pour trois périodes successives de 11 ans.

Exemples :

411.	422.	433
P. L. le vend. 24.	P. L le mer. 22.	P. L le 21.

Pâques arrive à la même date, 26 mars.

1051	1062	1073	1084
P. L le sam 30.	P. L. le 29.	P. L. le 27.	P, L. le 25.

Pâques le 31 mars.

1802	1813	1824
P. L. le sam. 17.	P. L. le 15.	P. L le 13.

Pâques le 18 avril

Le lecteur se rendra aisément compte des lois ci-dessus. Nous ne le fatiguerons pas en répétant les raisonnements développés pour le retour au bout de cinq ans.

Années bissextiles dans lesquelles Pâques arrive le 16 avril (style julien) (1).

24	—
108	—
192	—
276	—
472	P. L. le 9
556	P. L. le 10
640	P. L. le 12
724	P. L. le 13
808	P. L. le 15
1004	—
1088	—
1172	—
1256	—
1340	—
1536	—
1620	—
1788	—
1872	—
2168	—
....	—
....	—

En ces années, le mardi gras, veille des Cendres, tombe le 29 février.

(1) Cette question nous a été posée plusieurs fois.

Règles :

1° Si, en une année julienne bissextile où Pâques a lieu le 16 avril, la P. L. pascale tombe du 9 au 13 inclusivement, Pâques arrive à la même date 84 ans plus tard;

2° Si la P. L. arrive le 15, le retour ne se produit qu'après 196 ans.

Il résulte de cette double loi que la connaissance de l'une des années bissextiles où Pâques arrive le 16 avril entraîne la connaissance de toutes les autres.

Ces années sont inscrites à la page précédente. On voit se succéder 4 périodes de 84 ans, suivies d'une période de 196.

On remarquera que 84 multiplié par 4, ou 336, ajouté à 196, donne 532; ce qui doit être (15).

La loi ci-dessus n'existe pas dans le style grégorien. Pâques arrive le 16 avril dans les années bissextiles : 1656, 1724, 1876, 2028, 2180, 2248, etc., etc.

DE QUELQUES EXPRESSIONS EMPLOYÉES DANS LES CALENDRIERS USUELS.

37. On lit dans le calendrier de 1878, par exemple :

Comput ecclésiastique[1] :

Nombre d'or	17
Cycle solaire	11
Indiction romaine	6
Epacte	26
Lettre dominicale	F

1° Nous connaissons la signification du *nombre d'or* ou cycle de Méton, période de 19 ans après laquelle les phases lunaires reviennent aux mêmes dates et presque à la même heure (10).

On donne abréviativement le même nom au rang de l'année dans la période de 19 ans. L'an 1 avant J.-C. ayant été le premier d'un cycle, il suffit d'ajouter 1 au millésime et de diviser par 19. Le reste de la division est le nombre d'or.

Ce nom fut donné au cycle de Méton parce qu'il était inscrit en caractères dorés dans le calendrier, où il indiquait les nouvelles et les pleines lunes de l'année.

2° Le cycle solaire est une période de 28 ans

(1) Comput signifie *calcul* ou tableau de calculs.

(produit de 7 par 4), après laquelle les mêmes jours de la semaine arrivent aux mêmes dates mensuelles. On donne abréviativement le même nom au rang de l'année dans la période. L'an 9 avant notre ère ayant été le premier d'un cycle, il suffit d'ajouter 9 au millésime et de diviser par 28. Le reste de la division est le cycle solaire de l'année.

3° L'*indiction romaine* est une période de 15 ans, purement administrative, employée par les Romains, et introduite dans le calendrier.

On donne abréviativement ce nom au rang de l'année dans la période de 15 ans. L'an 3 avant notre ère ayant été le premier d'un cycle, il suffit d'ajouter 3 au millésime et de diviser par 15. Le reste de la division donne l'*indiction*.

L'*indiction* figure dans un grand nombre de chartes et de documents historiques.

4° L'*épacte* est l'âge de la lune au commencement de l'année. Il faut observer toutefois que le calendrier ecclésiastique suppose la lune nouvelle le jour où l'on aperçoit le croissant au coucher du soleil.

L'âge réel surpasse donc l'âge fictif de un ou deux jours.

On obtiendrait l'épacte au moyen de notre calendrier, en retranchant la date de la P. L. pascale de 44 ou de 43, selon que cette P. L. tombe en mars ou en avril.

Si elle tombe avant le 13, on retranche de 13 au lieu de retrancher de 43.

P. L. pascale en 1877, le 29 mars; épacte, 15.

P. L. — en 1878, le 17 avril; épacte, 26.

P. L. — en 1879, le 6 avril; épacte, 7.

5° *Lettre dominicale.* — Dans le calendrier universel ecclésiastique, les noms des jours de la semaine sont remplacés par les sept lettres, A, B, C, D, E, F, G, qui se succèdent sans interruption, en regard des quantièmes successifs, du commencement à la fin de l'année.

La lettre dominicale, dans une année quelconque, est celle qui correspond au premier dimanche de janvier, et, par suite, aux dimanches suivants si l'année est commune.

En 1878, le premier dimanche est arrivé le 6 janvier. F est la lettre dominicale de l'année.

On voit qu'au lieu de lettres on aurait pu employer des chiffres.

Dans les années bissextiles, l'intercalation d'un jour complémentaire fait avancer le dimanche d'un jour à partir du 1er mars. Il y a donc, en ces années, deux lettres dominicales.

En 1880, les lettres dominicales sont D et C. La première indique le dimanche jusqu'au 29 février. La seconde le désigne dans le reste de l'année.

38. La connaissance des dimanches successifs

entraîne visiblement celle des jours de chaque semaine : si le dimanche tombe le 20 juillet, le 24, par exemple, sera un jeudi.

Sur notre calendrier, la date du premier dimanche est le *chiffre dominical,* correspondant à la lettre dominicale.

En 1878, ce chiffre est 6, correspondant à la sixième lettre, F.

En 1880, les deux chiffres sont 4 et 3, qui correspondent aux lettres D et C.

La considération du cycle solaire, de l'épacte et de la lettre dominicale est inutile dans notre calendrier.

CONCORDANCE ENTRE LE CALENDRIER RÉPUBLICAIN ET LE CALENDRIER GRÉGORIEN.

39. L'ère républicaine commence au 22 septembre de l'année 1792. L'année se composa de 12 mois égaux de 30 jours, suivis de 5 ou de 6 jours complémentaires.

L'année de 366 jours fut nommée *sextile.*

Le mois fut partagé en trois *décades ;* les dix jours de chacune d'elles sont : *primidi, duodi, tridi, quartidi, quintidi, sextidi, septidi, octidi, nonidi* et *décadi.*

L'année commence à minuit le jour de l'*équinoxe vrai* d'automne pour l'observatoire de Paris.

L'année sextile n'est donc pas fixée, comme dans le calendrier ordinaire, par un intervalle régulier de 4 ans, avec suppression méthodique de trois bissextiles en 400 ans. Elle se détermine directement par les observations et les calculs astronomiques.

Si, d'autre part, on observe que l'année républicaine s'échelonne sur deux années grégoriennes, et que le mois républicain a son commencement sur un mois ordinaire et sa fin dans le mois suivant, on comprendra qu'il est à peu près impossible d'établir une formule de concordance entre les deux calendriers pour une suite d'années un peu étendue.

Ce fut l'une des principales objections présentées à l'époque où fut créé le calendrier républicain.

Toutefois, ce calendrier ayant cessé d'être officiellement employé à compter du 1er janvier 1806, les années sextiles, jusqu'à cette date, se succèdent de 4 en 4 ans, à partir de l'an III.

Nous pourrons donc, au moyen du tableau suivant, et à l'aide de quelques remarques faciles, établir la concordance entre les dates républicaines et grégoriennes pour la période de notre histoire où fut appliqué le calendrier républicain, c'est-à-dire de l'an II à l'an XIV (22 septembre 1793 au 31 décembre 1805).

TABLEAU DE CONCORDANCE

Entre le Calendrier républicain et le Calendrier grégorien.

AN		
II	1793 94	du 21 sept. au 31 déc. du 31 déc. au 21 sept.
III	1794 95	6 jours complément[res].
IV	95 96	du 23 sept. au 31 déc.
V	96 97	du 22 sept. au 31 déc.
VI	97 98	
VII	98 99	6 jours complément[res].
VIII	99 1800	du 23 sept. au 31 déc.
IX	1800 1801	du 23 sept au 31 déc.
X	1801 1802	id. id.
XI	1802 1803	6 jours complément[res].
XII	1803 1804	du 23 sept. au 31 déc.
XIII	1804 1805	id. id.
XIV	1805	du 23 sept. au 31 déc.

	A	B	
Vendemaire.	21	22	Septembre
Brumaire...	21	22	Octobre
Frimaire...	20	21	Novembre
Nivôse.....	20	21	Décembre
Pluviôse...	19	20	Janvier
Ventôse....	18	19	Février
Germinal..	20		Mars.
Floréal.....	19		Avril
Prairial ..	19		Mai
Messidor...	18		Juin
Thermidor..	18		Juillet
Fructidor...	17		Août
Complém[res].	16		Septembre

Observations. — 1° Les années sextiles sont : l'an iii, l'an vii et l'an xi ;

2° Les indices de la colonne B servent pour l'an iv, l'an viii et l'an xii ;

3° A partir du 1er mars de l'année 1800, qui ne fut pas bissextile, toutes les dates grégoriennes obtenues au moyen du tableau de concordance, doivent être augmentées d'une unité.

Applications. — *Quelle est la date grégorienne correspondant au 4 vendémiaire, an II ?*

Ajoutez le quantième 4 à l'indice 21 de la colonne A. La somme est 25.

Réponse : le 25 septembre 1793.

Nota. — Si le quantième ajouté à l'indice donne une somme supérieure à 30 ou 31, reportez-vous naturellement au mois grégorien qui suit.

16 vendémiaire an V ?

16 + 21 = 37 (septembre). — Réponse : le 7 octobre.

6 vendémiaire an IV ?

Ajoutez le quantième 6 à l'indice 22, de la colonne B. (Observ. N° 2.)

Réponse : le 28 septembre 1795.

3e complémentaire an VI ?

3 + 16 = 19. — Réponse : le 19 septembre 1798.

6e complémentaire an VII ?

6 + 16 = 22. — Réponse : le 22 septembre 1799.

9 thermidor an II ?

9 + 18 = 27. — Réponse : 27 juillet 1794.

29 prairial an VIII ? (Marengo.)

29 + 19 + 1 = 49 (mai). — Réponse : 18 juin 1800. (Observ. N° 3.)

11 frimaire an XIV ? (Austerlitz.)

11 + 20 + 1 = 32 (novembre.) — Réponse : 2 décembre 1805.

FIN.

TABLE DES MATIÈRES.

Châlons, imp. T. Martin.

www.ingramcontent.com/pod-product-compliance
Ingram Content Group UK Ltd.
Pitfield, Milton Keynes, MK11 3LW, UK
UKHW020946180726
13838UKWH00003B/1163

9 782329 279978